Vente du Vendredi 29 Mai 1863

OBJETS D'ART

CURIOSITÉS

DE LA CHINE ET DU JAPON

Vente Marks

M Ch. PILLET, Commissaire-Priseur

MM. MANNHEIM, Experts

PARIS. IMPRIMERIE DE PILLET FILS AINÉ
5, RUE DES GRANDS-AUGUSTINS.

CATALOGUE

D'UNE JOLIE RÉUNION

D'OBJETS D'ART

ET DE CURIOSITÉ

DE LA CHINE & DU JAPON

Grands et beaux Vases en émail cloisonné ;
Matières précieuses telles que : Vase en jade, Coupe et Plateau en agate orientale, etc.;
Vases et Brûle-Parfums en bronze ; Porcelaines de Chine ;
Vases en céladon turquoise, etc.;
Cabinet enrichi d'incrustations de nacre ; Bel écran en laque burgauté ;
Trousses de médecin en laque; Objets divers

DONT LA VENTE AURA LIEU

HOTEL DROUOT, SALLE N° 5

Le Vendredi 29 Mai 1863

A DEUX HEURES

Par le ministère de M⁰ **CHARLES PILLET**, Commissaire-Priseur,
rue de Choiseul, 11,

Assisté de MM. **MANNHEIM**, Experts, rue de la Paix, 10,

Chez lesquels se distribue le présent Catalogue.

EXPOSITION PUBLIQUE

Le Jeudi 28 Mai 1863, de une heure à cinq heures.

CONDITIONS DE LA VENTE

Elle sera faite au comptant.

Les acquéreurs payeront, en sus des adjudications, *cinq pour cent,* applicables aux frais.

—

Paris. Imp. Pillet fils aîné, rue des Grands-Augustins, 5.

CONDITIONS DE LA VENTE

Elle sera faite au comptant.

Les acquéreurs payeront, en sus des adjudications, *cinq pour cent,* applicables aux frais.

———

Paris. Imp. Pillet fils aîné, rue des Grands-Augustins, 5.

DÉSIGNATION

DES OBJETS

Émaux cloisonnés

1 — Grande et belle Cassolette, de forme ronde, reposant sur trois pieds droits, à deux anses surélevées et à couvercle dont le bouton est formé par une large fleur. Le tout couvert d'ornements émaillés de couleurs variées sur un fond bleu foncé. Socle en bois de fer sculpté. Haut. 42 cent.

2 — Très-joli Vase, forme balustre à goulot très-étroit, orné de rosaces, de fleurs, de caractères et de palmettes finement émaillés en couleur. La panse est, de plus, enrichie de guirlandes de perles en bronze doré et en relief qui se détachent sur le fond émaillé; modèle rare. Haut. 36 cent.

3 — Grand et beau Cornet, à panse renflée et à quatre lobes,
entièrement couvert de fleurs et d'ornements divers
émaillés en couleurs sur fond bleu turquoise. Hauteur 53 cent.

4 — Jardinière, de forme ronde et à large ouverture, ornée
de médaillons à animaux et volatiles divers se jouant
au milieu de branchages, et émaillés de très-belles
couleurs sur fond bleu turquoise. Le fond du vase
est orné de trois lions fabuleux émaillés en couleurs
sur fond bleu turquoise. Socle en bois de fer. Diamè-
tre 30 cent. Haut. 20 cent.

5 — Deux Flambeaux à larges plateaux et colonnes droites,
entièrement couverts de fleurs et d'ornements divers,
émaillés en couleurs sur fond bleu turquoise. Hauteur 26 cent.

6 — Neuf boules en émail cloisonné, provenant d'un bra-
celet.

Bronzes

7 — Cassolette de forme ronde, à deux anses surélevées et
reposant sur trois pieds droits ; la panse est ornée
d'ornements gravés et d'arêtes en relief. Bronze chinois muni d'une belle patine. Diam. 30 cent. Hauteur 17 cent.

8 — Vase en forme de bouteille, à très-long goulot, droit et
hexagone de plan ; la panse est enrichie de dragons,
d'arêtes et d'ornements divers en relief, et le goulot
est flanqué à sa partie supérieure de deux larges anneaux de même forme que le goulot. Bronze chinois
très-ancien. Haut. 63 cent.

9 — Grand vase, en forme de balustre bas se terminant en
cornet très-évasé et reposant sur trois animaux chimériques lui tenant lieu de pieds. Le vase est enrichi d'ornements en relief et d'anneaux mouvants,
et deux oiseaux chimériques en ronde bosse lui tien-
nent lieu d'anses. Bronze chinois très-ancien. Hauteur 62 cent.

10 — Brûle-parfums en forme d'animal chimérique à tête
mouvante. Socle en bois sculpté. Haut. 25 cent.

11 — Brûle-parfums, formé de même, d'un animal chimérique reposant sur une base carrée. Bronze chinois
très-léger, doré en partie. Haut. 30 cent.

12 — Brûle-parfums analogue à celui qui précède. Hauteur
17 cent.

13 — Brûle-parfums formé par un petit animal chimérique.
Haut. 11 cent.

14 — Brûle-parfums formé par un personnage ccr oui, pa-
raissant aiguiser un sabre sur un rocher. Bronze ja-
ponais. Haut. 16 cent.

15 — Cassolette de forme ronde à couvercle, reposant sur trois pieds et portant des 'inscriptions gravées. Bronze chinois très-ancien. Socle en bois de fer. Hauteur 17 cent.

16 — Porte-pinceaux, en forme de rocher, enrichi de cavaliers et d'ornements divers, repercés à jour.

17 — Personnage debout, reposant sur une base en forme de losange. Bronze chinois très-ancien.

18 — Petite tasse et sa soucoupe, en bronze du Tonkin, à ornements et feuillages finement gravés.

Matières précieuses

19 — Jade blanc. Très-beau vase de forme carrée de plan, à arêtes en relief, à couvercle et à anses, têtes d'animaux chimériques et anneaux mouvants. Toutes ses parties sont enrichies d'ornements très-finement gravés. Haut. 22 cent.

20 — Jade vert. Flambeau formé d'un oiseau reposant sur un plateau rond à trois pieds; le tout finement gravé.

21 — Agate orientale. Tasse et soucoupe de forme ronde et de belle nuance.

22 — Pierre de lard. Petite cassolette à médaillons de fleurs
et à deux têtes d'animaux chimériques lui tenant lieu
d'anses. Imitation très-curieuse de bronze du Tonkin.

Porcelaines

23 — Petit vase, forme balustre, à gorge évasée, en céladon
bleu turquoise truité et à deux anses repercées à jour.
Haut. 22 cent.

24 — Petite coupe ronde à une anse, formée par une branche
repercée à jour. L'intérieur de la pièce est émaillé
bleu turquoise, et l'extérieur porte en relief des fleurs
et des feuillages décorés en couleurs sur un fond vio-
lacé.

25 — Petit vase, forme balustre, en céladon bleu turquoise
truité. Haut. 19 cent.

26 — Petit vase en forme de bouteille, en céladon bleu turquoise. Haut. 15 cent.

27 — Deux bols présentoirs et leurs couvercles, en céladon
vert uni. Diam. 21 cent.

28 — Deux vases, forme balustre, en porcelaine de Chine
décorée en gros bleu uni. Haut. 35 cent.

29 — Vase en forme de bouteille, en porcelaine de Chine, décorée bleu uni. Haut. 35 cent.

30 — Vase en porcelaine craquelée de la Chine. Haut. 41 cent.

31 — Vase de forme droite à bandeau renflé et à gorge évasée, en porcelaine de Chine, décorée de paysages, de flots de la mer et d'ornements divers émaillés. La gorge est décorée à l'intérieur de dragons émaillés en couleur. Haut. 32 cent.

32 — Vase, forme balustre, en porcelaine de Chine gaufrée et émaillée jaune. Haut. 33 cent.

33 — Petit vase, forme balustre, à goulot droit, en porcelaine haricot rouge de belle qualité. Haut. 24 cent.

34 — Vase en forme de bouteille, en porcelaine haricot rouge. Haut. 29 cent.

35 — Deux vases, de forme droite, en porcelaine blanche gaufrée, à ornements et décorée de figures, d'arbustes et d'ornements divers en couleurs. Haut. 28 cent.

36 — Deux brule-parfums en forme de cerfs couchés, décorés au naturel et reposant sur des rochers repercés à jour.

37 — Vase en terre émaillée et jaspée de brun, en forme de
balustre à côtes et à branchages en relief lui tenant
lieu d'anses. Haut. 27 cent.

38 — Vase en forme de balustre aplati, en porcelaine craquelée gris, et portant en brun, des caractères, un cerf
et des branchages.

39 — Vase de forme carrée, décoré d'ustensiles divers et
émaillé de bleu et de vert unis.

40 — Petite jardinière de forme ronde, en porcelaine haricot
rouge.

41 — Deux brûle-parfums en forme de chimères accroupies
en terre émaillée.

42-48 — Quelques pièces, telles que : petits vases, brûle-
parfums, flacons, etc., seront vendues séparément.

Laques et Objets divers

49 — Très-bel écran en ancien laque, formé de trois panneaux
reposant sur une base en bois sculpté repercé à jour.
Il est décoré d'une très-grande quantité de person-
nages et de cavaliers dans un paysage traversé par un
cours d'eau ; ils semblent se diriger vers une déesse

placée à la partie supérieure du tableau. La bordure est enrichie d'animaux et d'ustensiles divers, et le tout est rehaussé d'or et d'incrustations de burgau finement gravé. Larg. 1 mètre 20 cent.; haut. 85 cent.

38 — Grand cabinet en bois naturel laqué, enrichi d'incrustations très-fines en nacre de perles gravée. Larg. 1 mètre 7 cent.; haut. 93 cent.

51 — Petite trousse de médecin, en laque du Japon, fond d'or, décorée de deux médaillons ronds à oiseaux en relief. Le bouton d'attache est formé par un groupe en bois sculpté, personnage monté sur un buffle.

52 — Autre trousse en laque du Japon, fond d'or, décorée en plein de fleurs et de feuillages en relief.

53 — On vendra sous ce numéro les objets omis au présent catalogue.

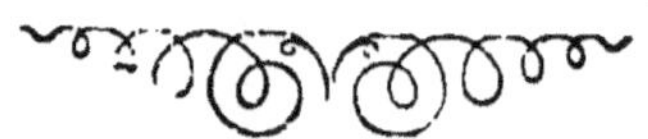